W0177122

Reinhard Körner

Was mich bewegt

Unsere Chance in einer schweren Zeit

Reinhard Körner

Was mich bewegt

Unsere Chance in einer schweren Zeit

benno

Textnachweis S. 80: „Entschluss"
aus: Eva Strittmatter. Sämtliche Gedichte. Erw. Neuausgabe.
Aufbau Verlag, Berlin 2015
© Aufbau Verlag GmbH & Co. KG, Berlin 1980, 2015
(Das Gedicht erschien erstmals 1980 in E. S.: Zwiegespräch,
im Aufbau-Verlag, Berlin und Weimar)

Bibliografische Information der Deutschen Nationalbibliothek
Die Deutsche Nationalbibliothek verzeichnet diese
Publikation in der Deutschen Nationalbibliografie;
detaillierte bibliografische Daten sind im Internet unter
http://dnb.d-nb.de abrufbar.

Besuchen Sie uns im Internet:
www.st-benno.de

Gern informieren wir Sie unverbindlich und aktuell
auch in unserem Newsletter zum Verlagsprogramm,
zu Neuerscheinungen und Aktionen.
Einfach anmelden unter www.st-benno.de.

ISBN 978-3-7462-5907-9

© St. Benno Verlag GmbH, Leipzig
Umschlaggestaltung: Rungwerth Design, Düsseldorf
Umschlagabbildung: Andreas Felger, ohne Titel, Aquarell
auf Papier, 1998 © Andreas Felger Kulturstiftung,
www.af-kulturstiftung.de
Gesamtherstellung: Kontext, Dresden (A)

Worauf es jetzt ankommt

Das Jahr 2020 hat mit dem Ausbruch der Co-vid-19-Pandemie unsere Welt verändert – und dank der medialen Vernetzung auch unseren Blick auf die Welt: Innerhalb weniger Tage nur wurde uns bewusst, deutlicher als je zuvor, dass wir zusammengehören auf Gedeih und Verderb, wir alle, gleich welcher Nationalität und welchen sozialen Standes, welcher politischen Einstellung, welcher religiösen und weltanschaulichen Orientierung, wir, *die Menschheit als ganze*. Welche Schlussfolgerungen werden wir daraus ziehen? – Werden wir Schlussfolgerungen daraus ziehen?

Noch warten wir darauf, dass sich die Lage wieder normalisiert und alles so wird wie vor der Corona-Zeit – wenigstens „bei uns". Aber was ist normal? Gehörten zur Normalität vor Corona nicht auch die immer spürbarer werdenden Folgen der Erderwärmung, das alarmierend voranschreitende Artensterben, die Kriege, Bürgerkriege und Stellvertreterkriege, die Hungersnöte in vielen Regionen der Erde, die Flüchtlingsströme und die Flüchtlingslager, die von Jahr zu Jahr stärker auseinanderklaffende Schere zwischen Arm und Reich, die ethischen Verunsicherungen und narzisstischen Verirrungen, der Fundamentalismus in den Religionen, der Glaubwürdigkeitsverlust der Kirchen und eine (nicht nur in Deutschland) hohe Zahl an Kirchenaustritten ...? Das Coronavirus löscht die Probleme der Menschheit nicht aus, genauso wenig wie unsere eigenen. Und wahrscheinlich werden zur „neuen Normalität" in der ersehnten Nach-Corona-Zeit auch weiterhin Virus-Pandemien gehören.

Eines ist klar: Nichts ist jetzt wichtiger, nichts mitmenschlicher, nichts religiöser und christlicher, als die Schutzmaßnahmen einzuhalten – nicht weil sie „von oben verordnet" wurden, sondern weil sie notwendig sind, um die Ausbreitung des Virus einzudämmen, hier und weltweit. Und zugleich muss es jetzt darum gehen, so weit wie nur möglich das Leben aufrechtzuerhalten, die Kontakte untereinander, die Hilfen füreinander, die medizinische Versorgung, die Kranken- und Altenpflege, die Kinderbetreuung und die Ausbildung der jungen Menschen, die Wirtschaft und mit ihr den Fortbestand der Betriebe und der Arbeitsplätze, die wissenschaftliche Forschung, die kulturellen Angebote und die religiösen Versammlungen ... Das eine mit dem anderen zu verbinden, bleibt ein Spagat, und der wird wohl noch für lange Zeit nicht ohne Einschränkungen und Verzicht zu bewerkstelligen

sein; und nicht ohne dass wir dabei Fehler machen werden, in den politischen wie in den persönlichen Entscheidungen.

Und darüber hinaus? Was können wir sonst
noch tun? – In der Corona-Pandemie liegt auch
eine Chance, sagen jetzt viele. Aber worin besteht sie, worin konkret, um aus dieser Situation
auch etwas Gutes, möglichst Nachhaltig-Gutes
für die Zukunft zu machen – für die Zukunft der
gesamten Menschheit?

Das Aquarell von Andreas Felger (geb. 1935)
auf dem Cover dieses Buches entstand kurz vor
der Jahrtausendwende. Ist das Dunkle am unte-
ren Rand die schwere Zeit, durch die wir jetzt
gehen? Ist der helle Kegel mittendrin die gegen-
wärtige geschichtliche Stunde? Ist der Lichtstrahl
aus dem Blau, Weiß und Rot, den Farben der
Wahrheit, der Klarheit und der Liebe, die Chance,
die wir ergreifen könnten? Und ist der Punkt, an
dem beide einander berühren, der Moment, um
sie *jetzt* zu ergreifen?

Was können wir tun? Was ist jetzt dran? – Ich
weiß es nicht. Ich bin nicht klüger und nicht
weiser als die nachdenklichen und lebenserfah-
renen Zeitgenossen, die längst ausgesprochen
haben, worauf es ihrer Meinung nach jetzt ankommt. Dennoch will auch ich sagen, was mich
bewegt und mir am Herzen liegt, auch wenn es

nichts „Neues" sein wird. Denn ja, wir haben die Chance, um die Weichen für unser aller Zukunft noch einmal neu zu stellen! Ob die Gedanken, die ich hier niedergeschrieben habe, dazu beitragen können, darf offen bleiben – wenn ich nur auch einigen anderen aus dem Herzen spreche; und dessen bin ich mir sicher.

Karmelitenkloster Birkenwerder,
im Herbst 2020
Reinhard Körner

Inhalt

1

*Wir sind nicht
die Größten*

Zwei „Kränkungen" habe die Menschheit schon hinnehmen müssen, schrieb 1917 Siegmund Freud. Die erste, die kosmologische durch Nikolaus Kopernikus, stellte uns vor die Tatsache, dass die Erde – und damit der Mensch – nicht der Mittelpunkt der Welt ist. Die zweite, die biologische durch Charles Darwin, konfrontierte uns mit der Erkenntnis, dass wir aus dem Tierreich hervorgegangen sind. Und nun, so Siegmund Freud, sei eine dritte hinzugekommen, die psychologische, die er selbst der Menschheit habe zumuten müssen: dass wir in unserem Denken, Fühlen, Handeln und Verhalten vom Unbewussten mitgesteuert und folglich nicht einmal „Herr im eigenen Hause" sind.

Drei schwer zu verkraftende Kränkungen, Beleidigungen geradezu – nicht zuletzt für religiös geprägte Menschen; manche von ihnen tun sich bis heute schwer, mit dem evolutiven Weltbild und den psychologischen Erkenntnissen der vergangenen Jahrzehnte zurechtzukommen. Und inzwischen haben uns die Natur- und Humanwissenschaften weitere Beleidigungen zugefügt, bis hin zur neurobiologischen Kränkung durch die Hirnforschung, die uns seit den 1990er Jahren mehr und mehr vor Augen führt, dass Körper und Geist eine biologische Einheit bilden und es ein eigenständiges, von biochemischen Prozessen unabhängig existierendes Bewusstsein des Menschen nicht gibt.

Eine Kränkung ist nach Siegmund Freud ein Angriff auf das Selbstwertgefühl des Menschen, damit verbunden auch auf sein Weltbild und auf seine angestammte Lebensweise. Sie trifft ihn besonders hart, wenn sein Selbstwertgefühl narzisstisch übersteigert ist oder sich, um stabil bleiben zu können, auf vermeintliche Sicherheiten stützen muss. Anders als der Volksmund sagt, macht eine Kränkung nicht krank, sondern deckt Krankes auf. Kränkungen, psychologisch verstanden, sind Wahrheiten, die in eine bereits bestehende „Krankheit" hineinstechen und sie dadurch ans Licht bringen. Sie sind ein Affront gegen eine „Gesundheit", die keine ist – und gegen den daraus resultierenden Lebensstil.

Mir scheint, dass die Corona-Pandemie auch eine solche Kränkung ist. Die härteste vielleicht seit Kopernikus.

An die bisherigen „Kränkungen der Menschheit" hatten wir uns zumindest gewöhnt, zumal wir Zeit gehabt hatten, uns nach und nach mit ihnen auseinanderzusetzen. Ja, wir hatten sie zu befreienden, höchst lebensdienlichen Errungenschaften der Menschheit verarbeiten können –

soweit wir sie wahrgenommen und für wahr genommen hatten. Doch nun, zu Beginn des Jahres 2020, war es anders.

Die neue Kränkung kam völlig unerwartet und traf sofort, binnen weniger Wochen, Menschen in allen Regionen der Erde und Menschen aller Bildungsschichten. Sie forderte nicht nur, wie bisher, den Intellekt heraus – sie kränkte die Existenz; bei vielen buchstäblich die nackte Existenz. Ein kleines, unsichtbar anwesendes Wesen – ein Halb-Wesen eigentlich nur, das unfähig ist, selbstständig zu leben – machte uns Menschen plötzlich klar, von heute auf morgen, dass wir nicht „die Größten" sind. Alles brach zusammen, die Wirtschaft, die internationalen Handelsketten, der Tourismus, selbst die in manchen Ländern gut organisierten Gesundheitssysteme, für sehr viele Menschen auch das ganz konkrete alltägliche Leben – und mit all dem das bis dahin gewohnte Lebensgefühl, wir hätten, irgendwie doch jedenfalls, alles im Griff, die Gegenwart wie die Zukunft und sogar globale Probleme wie die Hungersnöte in der Welt oder den Klimawandel, wofür die Politiker und die „Zuständigen" schon noch Lösungen finden würden.

Ein Schock. Wenn Siegmund Freuds Rede von den „Kränkungen der Menschheit" je zutreffend war – psychopathologisch auch für den Einzelnen und zugleich weltweit für sehr, sehr viele Menschen –, dann jetzt.

Die Corona-Pandemie konfrontiert uns mit der Wahrheit, dass *der Lebensstil* eines großen Teils der Erdbevölkerung – das Wirtschaftssystem, das ihn ermöglicht und bedient, miteingeschlossen – Ausdruck und Symptom eines krank gewordenen oder noch unreifen Selbstwertgefühls ist. Sie bringt ans Licht, dass dieser Lebensstil, wenn auch in der Regel unbewusst, ein existenzielles Mangelgefühl überdecken und ausgleichen will: Wir wollen uns „entschädigen" für das, was wir nicht haben und nicht sind, nicht sein können oder nicht sein dürfen – durch Statussymbole, soweit wir sie uns nur irgendwie leisten können. Wir reisen, wohin auch die anderen reisen, wollen besitzen, was auch andere besitzen, suchen Spaß, Genuss und Lust, um der inneren Leere auszuweichen. Wir pochen auf unsere Freiheit und leben die uns „zustehenden" Freiheiten aus, um, wiederum unbewusst, die Unfreiheit zu überspielen, die in uns selbst steckt.

Und plötzlich soll der für viele Menschen selbstverständlich gewordene und gewohnte Lebensstil nicht mehr oder nur noch eingeschränkt möglich sein? Wegen eines Virus?

Verständlich, wenn auf einen solchen Angriff erst einmal Abwehr folgt. Nur gibt es in diesem

Fall niemanden, den man für den Angriff verantwortlich machen, dem man dafür die Schuld zuweisen kann – gegen den man also die Abwehr richten könnte. Die Reaktion: Ob es das Virus überhaupt gibt? Ob nicht zumindest seine Gefährlichkeit überschätzt wird? Ob es nicht doch einen Schuldigen gibt, die Chinesen zum Beispiel, oder Bill Gates, oder die Juden gar, die die „Weltherrschaft" über uns alle anstreben ... oder Gott, der mit dem Virus die Welt wegen ihres Unglaubens bestraft? – Und vor allem: Ob die Maßnahmen gegen die Ausbreitung des Virus, die von den Regierungen angeordnet werden, nicht doch sehr übertrieben sind? Schnell ist zumindest hier die Antwort klar: Sie wollen uns das Grundrecht auf unsere Freiheit nehmen! Demonstrationen sind die Folge, auch ohne Beachtung der Corona-Regeln, und ein beharrendes „Weiter so wie bisher" ...

Aber Kränkungen können nur überwunden und verarbeitet werden, wenn die Krankheit, die sie offenlegen, wahrgenommen und für wahr genommen wird. In ihrer Wurzel, nicht nur in ihren Symptomen. Dazu bietet sich jetzt die Möglichkeit.

In der Corona-Pandemie liegt die Chance, eine Krankheit zu überwinden, die wir – mehr oder weniger die gesamte Menschheit – schon seit Jahrtausenden in uns tragen: *das mangelhafte Selbstwertgefühl*; und damit auch die daraus resultierenden Symptome: zu glauben, wir seien „die Größten", und zu meinen, wir könnten das Gefühl, dass wir es nicht sind, durch einen bestimmten Lebensstil kompensieren.

Wenigstens erkennen könnten wir diese Krankheit jetzt – um sie wenigstens nicht mehr zu forcieren.

Behandeln und „therapieren" ließe sich ein angeschlagenes oder noch nicht ausgereiftes Selbstwertgefühl freilich nur dadurch, dass wir einander, weit mehr als bisher, *Achtung und Wertschätzung* entgegenbringen. Denn nur die Erfahrung, etwas wert zu sein und wertgeschätzt zu werden – einfach *als Mensch*, vor jeder Leistung –, kann unser Selbstwertgefühl aufbauen, heilen und stärken. Dann erst müssten wir nicht mehr „die Größten" sein. Wir würden erleben, dass wir *auch selbst* dazu fähig sind, andere wertzuschätzen, und dass „Geben seliger ist als Nehmen" – *darin* besteht unsere Größe. Und dann erst würde uns auch ein Virus, das uns einen bescheideneren Lebensstil abverlangt, nicht mehr kränken.

Eine neue Kultur wäre also nötig, eine *Kultur der Achtung und der Wertschätzung*, in allen Bereichen des gesellschaftlichen Lebens, rund um den Erdball.

Eine Utopie? – Auf die Menschheit als ganze bezogen, wohl ja. Aber die Zukunft der „Menschheit" beginnt beim Menschen, bei jedem Einzelnen und bei jeder noch so kleinen Gemeinschaft. Und hier, im Kleinen, wächst die neue Kultur seit Langem schon heran – mit einem deutlichen Wachstumsschub mitten in der Corona-Zeit.

2

*Wir sind auf
unser Haus, die Erde,
angewiesen*

Die Bibel bezeichnet den Menschen gleich auf den ersten Seiten als *ādām*. Frühere Textausleger hatten das hebräische Wort auch als Namen verstanden und ab der Sündenfallerzählung (Gen 3) unübersetzt mit „Adam" wiedergegeben. Doch *ādām* ist kein Eigenname, sondern ein Gattungsbegriff für den Menschen überhaupt, hergeleitet aus dem Wort *'ădāmāh*, das „Erde, Ackerboden, Erdboden" bedeutet. Der *ādām*, der Mensch, als „männlich und weiblich" erschaffen (Gen 1,27), wurde aus dem *'ădāmāh*, dem „Erdboden" geformt, heißt es dort (Gen 2,7); er ist ein „Erdling", so könnte man sinnentsprechend übersetzen. Und an gleicher Stelle heißt es, dass Gott aus dem *'ădāmāh* auch die Pflanzen und „allerlei Bäume" (Gen 2,9) sowie „alle Tiere des Feldes und alle Vögel des Himmels" (Gen 2,19) formte.

Dieser Bibeltext, bestehend aus einem einleitenden Hymnus (Gen 1–2,3) und einer anschließenden Prosaerzählung (Gen 2–4), wurde vor zweieinhalbtausend Jahren niedergeschrieben und war selbstverständlich nie als „Schöpfungsbericht" gedacht, wie er fälschlicherweise noch immer genannt wird; er ist ein *Mythos*, eine *Weisheitserzählung über das Wesen des Menschen*. Mythen erzählen, wie der römische Historiker Sallust (1. Jh. v. u. Z.) einst schrieb, von etwas, „was niemals war, doch immer ist".

Der Mensch: ein Erdling also, *ein Erdling unter Erdlingen*. Diese Sicht vom Menschen war damals im jüdischen Volk sicherlich auch eine „Kränkung". Sie stach in die Vorstellung hinein, der Mensch – und damit war vornehmlich der Mann gemeint – sei Herr über die ihn umgebende Welt. Sie machte, als sie erzählt und dann aufgeschrieben wurde, den Hörern und Lesern klar, was heute im Zeitalter der Astrophysik und der Evolutionsbiologie Allgemeinwissen ist: dass wir Menschen „aus Erde" sind und ganz und gar zur Erde gehören; dass wir mit allem, was auf der Erde lebt und west, zusammengehören; und dass alles, was um uns herum ist, nicht Umwelt, sondern Mitwelt ist – die Erde ist das *gemeinsame Haus* von Pflanzen, Tieren und Menschen, von allen auf ihr lebenden Wesen.

Und spätestens heute wissen wir auch: Auf dieses Haus sind wir angewiesen. Wir haben kein zweites. Ein Umzug in ein anderes ist ausgeschlossen, selbst wenn einmal weit draußen im Universum ein erdähnlicher Planet gefunden werden sollte. Wir müssen also Sorge tragen für dieses Haus und für alles, was darin – zusammen mit uns – lebt.

Schon lange vor dem Ausbruch der Corona-Pandemie war bekannt, dass wir Menschen gerade dabei sind, unser gemeinsames Haus zu zerstören. Noch wenige Tage erst, bevor uns der Lockdown auch in Deutschland traf, am 3. März 2020, dem internationalen Tag des Artenschutzes, hatte das Netzwerk der größten Naturschutzorganisationen der Welt (WWF) gemeldet, dass derzeit täglich – täglich! – „150 Pflanzen- und Tierarten für immer von der Erde verschwinden". Es sei nach dem Ende der Dinosaurierzeit das sechste große Artensterben in der Geschichte der Erde – „doch diesmal", so hieß es in der Nachricht, „sind nicht Naturkatastrophen, sondern der Mensch die Ursache". Auch wusste jeder schon lange, wenn er nicht blind war oder blind sein wollte, dass mit der vom Menschen verursachten Erderwärmung und dem Aussterben all dieser Erdlinge die Fortexistenz des Erdlings Mensch auf dem Spiel steht – und dass es *unser Lebensstil* ist, der das Haus zerstört.

Die Corona-Pandemie hat uns nun bewusst gemacht – zumindest vielen von uns, auch in unserem Land –, dass wir zum Leben, zu einem *guten* Leben, gar nicht unbedingt alles brauchen, was wir zu brauchen meinten. Wir kämen durchaus mit weniger Konsum, mit weniger Flugreisen, mit weniger Luxusartikeln … mit einem *einfacheren Lebensstil* aus.

Und vor allem ist vielen von uns bewusst geworden, was wir wirklich und unbedingt brauchen: *menschliche Nähe*. Das jedenfalls war die Erfahrung so vieler, die sich plötzlich in Isolation wiederfanden, die keinen Besuch mehr bekommen und Angehörige und Freunde nicht mehr besuchen konnten, die nicht mehr füreinander sorgen, nicht mehr miteinander feiern, sich nicht mehr umarmen konnten ... Ist es nicht letztlich auch *diese* Erfahrung, die jetzt manche dazu treibt, Abstandsregeln und Maskenpflicht zu ignorieren und in Restaurants und Parkanlagen rücksichtslos Partys zu feiern? – Es ist „nicht gut, dass der Mensch (der *ādām*) allein ist", lassen die Autoren der Bibel Gott sagen (Gen 2,18).

Das griechische Wort für „Haus" heißt *oíkos*. Davon leiten sich die Begriffe „Ökonomie", „Ökologie" und „Ökumene" her. *Ökonomie* meint eine verantwortliche Haushaltsführung, *Ökologie* das Instandhalten des Hauses und *Ökumene* die Sorge für ein gutes Miteinander unter den Bewohnern im Haus. Wir hätten jetzt in der Corona-Pandemie die Chance, in diesen drei wichtigen Bereichen die Weichen für unsere gemeinsame Zukunft neu zu stellen.

Die Voraussetzungen dafür sind gut, da wir nun wieder wissen, was wir nicht unbedingt brauchen und was wir wirklich brauchen.

Wir könnten also darauf achten, *was* wir wieder „hochfahren", sobald es nach den jetzt nötigen Einschränkungen möglich ist: unseren konsumorientierten *Lebensstil* und die damit verbundenen Wirtschaftsstrukturen – oder die konkreten Ermöglichungsformen *menschlicher Nähe* und eine für alle gesunde Ausgewogenheit zwischen beidem.

Ob ich daran glaube, dass wir das schaffen? Auf die gesamte Menschheit bezogen eher nicht. Ich halte es für wahrscheinlicher, dass das Anthropozän – die kurze Epoche der Erdgeschichte, in der der Mensch zu einem der wichtigsten Einflussfaktoren auf die biologischen, geologischen und atmosphärischen Prozesse geworden ist – die Lebensgrundlage vieler Lebensformen zerstören wird; und damit auch unsere eigene Lebensgrundlage. Alles scheint jedenfalls darauf hinzudeuten, dass der *ādām* den „Garten", den er anvertraut bekam, „damit er ihn bearbeite und hüte", so die Bibel (Gen 2,15), auch weiterhin rücksichtslos ausbeuten wird.

Die Erde wird das überleben. Sie wird weiterexistieren. Ohne uns. Gewiss wird sie auch wieder neue Lebensformen hervorbringen, solange es ihr die Sonne möglich macht.

Und Gott, dem sich die Erde verdankt und alles, was auf ihr existiert, wird nicht überrascht sein, dass wir die Stimme der Schlange: „Ihr werdet (sein) wie Gott" (Gen 3,5) leichter zu hören bereit waren als die Stimme der Weisheit; Gott wusste, als er uns ins Dasein rief, worauf er sich mit uns Menschen eingelassen hat.

Wir werden dann „nackt" (Gen 3,7) dastehen voreinander und vor Gott ... Aber Gott wird die „Schlange", den *Egoismus in uns* verurteilen (vgl. Gen 3,14) – nicht uns. *Daran* glaube ich; und daran, dass er seine Schöpfung, auch wenn wir ihr den Untergang bereiten sollten, zu dem Ziel führen wird, an dem er zu uns sagt: „Seht, ich mache alles neu!" (Offb 21,5).

Bestärkung darin geben mir Menschen, die sich *trotz* aller Schlangenmentalität in der Welt und *trotz* des heraufziehenden Unheils für ein menschenwürdiges Leben im gemeinsamen Haus einsetzen; die etwas bewegen mit dem, was sie bewegt. Und die finde ich gerade jetzt in der Corona-Zeit.

3

---

*Wir sind mit
Vernunft begabt
und zu lieben fähig –
eigentlich*

Es gibt uns noch nicht lange auf unserem Planeten. Vor zwei Millionen Jahren erst begann sich in den Savannen Südafrikas aus einer Hominiden-Art allmählich die Gattung *homo* – Mensch – zu entwickeln. Setzt man die etwa viereinhalb Milliarden Jahre, seit die Erde existiert, mit einem 24-Stunden-Tag gleich, so war das vor drei Minuten. Unsere heutige Gestalt hat sich vor frühestens dreihundertfünfzigtausend Jahren, nach der Entstehung noch mehrerer anderer Arten des *homo sapiens*, herausgebildet – vor nicht einmal fünf Sekunden. Und zum *homo sapiens sapiens*, dem Jetztzeit-Menschen, wurden wir, neuesten Erkenntnissen zufolge, wohl erst nach der genetischen Vermischung mit unserer Schwester-Art, dem *homo sapiens neandertalensis*, vor vierzigtausend Jahren; das entspricht weniger als einer Sekunde. Wir sind sehr junge Bewohner im Wohnhaus Erde.

Seit mehr als dreieinhalb Milliarden Jahren schon, seit fast zwanzig Stunden des Erdentages, ermöglicht dieses Haus Leben und beherbergt heute Hunderte Millionen von Lebensarten. Wir sind nur Mitbewohner.

Aus der Evolutionsgeschichte des Lebens brachten wir Jetztzeit-Menschen die Fähigkeit mit, über die Sinne wahrzunehmen, was uns umgibt, sowie auch die Fähigkeit höher entwickelter Lebewesen, das Wahrgenommene zueinander in Beziehung zu setzen – zu denken. Und von unseren menschlichen Vorfahren erbten wir die Fähigkeit, darüber nachzudenken, dass wir denken. Wir sind wie sie mit *Vernunft* begabt.

Und wir sind zu *lieben* fähig. Auch diese Gabe ist uns in die Wiege gelegt. Wir verdanken sie den Lebewesen, die sie im Laufe der Evolution als Instinkt entwickelten, und den Menschenarten vor uns, die sie dann in ihr denkendes und fühlendes Bewusstsein integrierten.

Die Corona-Pandemie offenbart nun erneut, wie schwer wir uns noch immer damit tun, diese beiden Begabungen auch *anzuwenden* – und sie verdeutlicht zugleich, wie wichtig es ist, sie anzuwenden, damit wir Zukunft haben und sein können, was wir sind: Menschen.

Die *Vernunft* ist die Fähigkeit zu „ver-nehmen" – wahrzunehmen –, was uns umgibt und um uns herum geschieht. Wenngleich unsere Wahrnehmung begrenzt und nur selektiv ist, konnten wir sie doch in den letzten vier/fünf Jahrhunderten durch technische Erfindungen, vom Mikroskop bis zum Teleskop, enorm verbessern und erweitern. Und mittels der Vernunft sind wir auch in der Lage, mit dem Wahrgenommenen rational umzugehen, daraus Schlussfolgerungen zu ziehen und sogar über das mit den Sinnen und ihren technischen Erweiterungen Erkennbare hinauszudenken. Die Vernunft ist eine unschätzbar hohe Gabe – eigentlich.

Aber schon die Philosophen des Mittelalters wussten, dass unsere Vernunft bestechlich ist: Wir bringen es durchaus fertig, gar nicht erst wahrzunehmen, was wir nicht wahrhaben wollen, und rationale Schlussfolgerungen zu ziehen, die nur die Meinung bestätigen, an der wir unbedingt festhalten wollen. Kurz: Unsere Vernunft lässt sich, wenn wir nicht achtsam genug sind, von den Einstellungen und Begehrlichkeiten leiten, auf die wir fixiert sind – ganz so, wie es Christian Morgenstern in Verse brachte: „... weil, so schloss er messerscharf, nicht sein kann, was nicht sein darf" (DIE UNMÖGLICHE TATSACHE, 1909). – Die Vernunft allein kann „blind" sein, schrieb im 16. Jahrhundert mein Ordensvater Johannes vom Kreuz, sie brauche daher einen „Blindenführer".

Nicht anders steht es um die zweite Gabe, die dem Menschen eigen ist. *Lieben* ist die Fähigkeit, sich der Mitwelt zuzuwenden und mit dem Mitmenschen von Ich zu Du in Beziehung zu treten. Doch das kann wohlwollend, aber auch übelwollend geschehen. Wir sind auch dazu imstande, diese Beziehungsfähigkeit vorrangig oder gar allein auf uns selbst zu richten; der frühchristliche Theologe Augustinus sprach im fünften Jahrhundert vom *homo incurvatus in se*, vom Menschen, der „auf sich selbst zurückgekrümmt" ist. – Auch die Beziehungs- und Liebesfähigkeit braucht also einen „Blindenführer", der uns zeigt, wie sie menschenwürdig anzuwenden ist.

Bevor ich im nächsten Kapitel danach fragen werde, wer dieser „Blindenführer" sein könnte, möchte ich dazu anregen, erst einmal darüber nachzudenken, wie nötig wir ihn brauchen. Denn die Corona-Pandemie bietet uns die Gelegenheit, das deutlicher zu erkennen als sonst – *bei anderen* nämlich.

Vor allem an Politikern und bekannten Entscheidungsträgern lässt sich gerade jetzt gut studieren, wie Fakten und Realitäten kleingeredet oder gar geleugnet werden, nur weil sie nicht ins persönliche oder politische Konzept passen; und wie Beschlüsse gefasst werden, die durch Rücksichtnahme auf die eigene Beliebtheit und die angestrebte Karriere zustande kommen. Wissenschaftliche und ethische Argumente können dabei leicht ignoriert oder als belanglos und falsch deklariert werden, nur um nicht berücksichtigt werden zu müssen. Das kann sogar „guten Gewissens" geschehen, da der Entscheider subjektiv davon überzeugt sein kann, *vernünftig* zu denken. Konkrete Beispiele dafür in der Corona-Zeit muss ich nicht eigens nennen, sie sind offenkundig – wie gesagt: bei anderen.

Und ebenso lässt sich jetzt besonders gut beobachten, wie manche ihre Begabung, *beziehungs- und liebesfähig* zu sein, dazu benutzen, um andere, sogar große Teile der Bevölkerung, hinters Licht zu führen und ihnen Schaden zuzufügen – und wie sie sich darin selbst gefallen. Auch sie tun das durchaus „guten Gewissens", so wie vor ihnen schon so mancher in der Geschichte. Nicht nur ein Erich Mielke war der Überzeugung, er und sein Ministerium hätten „einen außerordentlich hohen Kontakt mit allen werktätigen Menschen" gehabt, und nicht nur er meinte von sich behaupten zu können: „Ich liebe, ich liebe doch alle, alle Menschen! Na ich liebe doch!" (so wörtlich am 13. November 1989 vor der Volkskammer der DDR).

Die „anderen", das sind freilich nicht nur Politiker und in der Öffentlichkeit bekannte Persönlichkeiten. Es sind genauso auch die Nachbarn in der Straße und vielleicht Menschen aus der Verwandtschaft und dem Freundeskreis ... Auch dafür muss ich nicht eigens konkrete Beispiele nennen.

Wie gesagt: an *anderen* ist das alles – gerade jetzt in der Corona-Zeit – gut zu erkennen. Aber sind sie nicht ein Spiegelbild, ein markantes le- diglich, für die Schwierigkeit *eines jeden* „homo sapiens sapiens", die Gabe der Vernunft und die Fähigkeit zu lieben menschenwürdig anzuwen- den?

Die Corona-Pandemie birgt in sich die Chance, dass wir erkennen, wer und wie wir Jetztzeit- Menschen sind. Und darin wiederum liegt die Chance zu erkennen, was wir brauchen, um zu werden, wie wir sein könnten.

Ob wir diese Chance nutzen werden? – Ein Beispiel: Kinder lernen in der Schulzeit alles, was sie zum Leben in der Gesellschaft von heute brauchen; bestimmte Begabungen, so sie früh- zeitig entdeckt wurden, werden in dieser Zeit sogar besonders gefördert. Sollte es dann aber nicht auch Bildungs- und Fördermaßnahmen geben, die sie lehren, die Gabe der Vernunft und der Beziehungs- und Liebesfähigkeit bestmög- lich zu gebrauchen und zum Wohle aller an- zuwenden? Und wäre das dann nicht auch ein lohnendes Fortbildungsangebot für Erwachsene in allen Berufsgruppen? – Unsere Zukunft hängt daran; und die Zukunft aller Lebewesen auf die- sem Planeten.

Während ich diese Gedanken niederschreibe, kommt gerade eine Nachricht aus dem Vatikan:

Ein hochrangiger Kardinal habe gestern, am 20. September 2020, gesagt, es gelte nun, ein „gemeinsames Haus aufzubauen, das wirklich ein Haus für alle ist. Ein Haus, in dem alle in Würde leben können".

4

Was uns
verbinden kann,
ist Hören auf Weisheit

Vernunft und Beziehungsfähigkeit des Menschen brauchen einen „Blindenführer". Doch wer könnte diese Rolle übernehmen? In der Geschichte erwiesen sich alle, die meinten, sie übernehmen zu müssen – Fürsten und Gelehrte und über Jahrhunderte hin die Kirche –, eher als „blinde Führer". Selber farbenblind und am liebsten durch Schwarz-Weiß-Schablonen blickend, übernahmen sie selbst für die Menschen das Denken und schrieben ihnen vor, wen sie lieben sollten (und wen nicht). Ähnlich machen es heute, unterstützt durch die Möglichkeiten des Internets, die vielen Populisten, die jetzt in der Corona-Zeit mit ihren Halbwahrheiten, Ideologien, Verschwörungstheorien und Lügen leichtes Spiel haben, Menschen zu *ver*-führen.

Doch gerade jetzt haben wir die Chance, uns wieder auf unsere Grundbegabungen zu besinnen. Gerade in einer solchen Zeit könnten wir lernen, sie menschenwürdig zu gebrauchen. Wir könnten *denken* und *lieben* lernen. Den Lehrer – und wahren „Blindenführer" – haben wir seit Urzeiten bei uns, wir tragen sogar seinen Namen im Namen unserer Menschenart, als Jetztzeit-Menschen obendrein gleich zweimal: *(homo) sapiens sapiens*. Der Lehrer, der unsere blinden Geistes- und Seelenkräfte führen und uns menschenwürdig zu denken und zu lieben lehren kann, ist die *sapientia* – das lateinische Wort bedeutet *Weisheit*.

Schon häufig habe ich in meinen Büchern darüber geschrieben, wie das *Hören auf Weisheit* uns reifen lassen und uns als Menschheit miteinander verbinden kann (ausführlich z. B. in einem Artikel in: Mit Gott auf Du und Du, zuletzt Herder 2015). Heute scheint mir dieses Anliegen, das mich schon seit Jahrzehnten umtreibt, von besonderer Aktualität zu sein.

Es gibt seit Menschengedenken wohl keine Kultur, die nicht eigens eine Vokabel für „Weisheit" hätte. Die Griechen nannten sie *sophia*, die Ägypter *ma'at*, die Juden *chokmah*, die Römer *sapientia* ... – ein großes, ja als heilig empfundenes Wort rund um den Erdball! Gemeint ist, jedenfalls in den alten Religionen und Kulturen, nicht die Intelligenz eines Menschen und nicht sein Wissen. Weisheit kann nicht erdacht und nicht erworben werden, Weisheit wird *erfahren* und will *empfangen* werden. Wir „haben" sie nicht, sie kommt auf uns zu.

Und sie hat mit dem zu tun, was wir *Wahrheit* nennen. In der deutschen Sprachgeschichte ist das Substantiv Weisheit aus „weisen", nicht aus „wissen" hervorgegangen (weshalb wir Weisheit mit „s", nicht mit „ß" schreiben). Weisheit meint, dem Empfinden unserer germanischen Vorfahren nach, *weisende Wahrheit*: eine Wahrheit, die uns auf etwas hinweist, uns weiterweist, uns über das, was wir bisher wissen, denken und fühlen, hinausweist. Sie spricht unsere Vernunft an und bewegt sie dazu, sich mit ihr auseinanderzusetzen; sie stellt unserer Beziehungsfähigkeit das Wahre, Schöne und Kostbare des anderen vor Augen und bewegt sie dazu, sich ihm wohlwollend und liebend zuzuwenden.

Weisheit – weisende Wahrheit – richtet unsere in sich selbst noch „blinden" und daher bestechlichen Geistes- und Seelenkräfte auf das Wahre und Liebenswerte hin aus. Sie hilft uns dadurch, Wahrheit von Lüge, Ideologie und Aberglaube zu unterscheiden.

Dahinter steht die Erfahrung, dass uns im Alltagsgeschehen des Lebens ständig Wahrheit begegnen kann, die uns etwas sagen will: in Erkenntnissen und Einsichten, in spontanen Eingebungen, in unerwarteten Fügungen, in gesellschaftlichen Ereignissen, in den „Zeichen der Zeit" ... Weisheit ist eine Wahrheit, die vor mich hintritt, mich anzieht, mich angeht, mir etwas sagen will – gleich, woher sie kommt: ob in Gestalt eines Wortes aus dem Munde eines anderen Menschen, als ein Gedanke, der in der Stille aus dem eigenen Inneren aufsteigt, als ein Wort aus Literatur und Dichtung, als die Stimme des Gewissens, als Hingezogenwerden zum Guten, zum Schönen, zum „Lied in allen Dingen" (Joseph Fr. v. Eichendorff, WÜNSCHELRUTE) …

Weisheit kann angenehme oder auch unbequeme Wahrheit sein, in jedem Fall aber weitet sie den Blick, bricht Vorurteile auf, stellt Urteile infrage. Bewusst damit umzugehen, solche Weisheit an sich heranzulassen und sie für das eigene Denken, Unterscheiden, Planen, Handeln und Lieben nutzbar zu machen, fordert heraus, aber fördert das Leben.

Und immer ist Weisheit *Wahrheit im Prozess*, nicht absolute Wahrheit – die kommt nach dem Verständnis der abrahamitischen Religionen nur Gott zu. Wohl aber ist sie Wahrheit, die zu dem hinführen kann, von dem her sie kommt. Weisheit hat mit jener Art von Wahrheit zu tun, die uns Bodenhaftung gibt in der Realität und uns zugleich „in die Höhe" wachsen lässt, zum Erfüllenden und Menschlicheren hin und in das immer noch größere Geheimnis des Daseins hinein.

Kultur- und Religionshistoriker sagen heute, das Hören auf Weisheit sei die „original scene", die „Urszene" in der Entwicklungsgeschichte unserer Gattung auf den Typus des Jetztzeit-Menschen hin (Walter Burkert). Dass eine aufrecht gehende Hominiden-Art zum *homo sapiens*, zum „weisen Menschen" werden konnte, verdanke sie der Bereitschaft, sich auf die Wahrheit der veränderten Realitäten – zum Beispiel Steppe statt Urwald – eingelassen zu haben. Und dass der *homo sapiens* zum *homo sapiens sapiens*, zum „weisen Weisheitsmenschen" wurde, sei dem Hören auf die *sapientia* zu verdanken, auf die Weisheit hinter und in allen Realitäten. Das Hören auf Wahrheit und Liebe, sagen sie, sei das „Grundmuster von Religion, Kultur und Gesellschaft – das bis heute gültige" (Georg Baudler). Der Weisheits-Wahr-Nehmung verdanke sich demnach jede Religion und jede Kultur: Sie hat den Hominiden zum Menschen, die Horde zur Gesellschaft und die Fortpflanzungs- und Wirtschaftsgemeinschaft zur Liebesgemeinschaft gemacht. Sie ist auch heute die Quelle – die einzige Quelle –, aus der die Religionen ihre Glaubwürdigkeit und die Weltanschauungen ihre Redlichkeit zu erneuern vermögen.

In einer um das Jahr 30 v. u. Z. verfassten jüdischen Schrift, die in der katholischen Kirche unter dem Titel BUCH DER WEISHEIT zu den biblischen Schriften gezählt wird, lassen die Autoren (oder Autorinnen?) den schon damals zur Legende gewordenen König Salomo in ihre Zeit hineinsprechen. Salomo, sagen sie, habe die Erfahrung gemacht, dass Weisheit, lässt man sie reden und hört man ihr zu, wie eine „Lehrmeisterin" (vgl. Wsh 1,5) sei; sie lehre ihn, das Echte vom Schein zu unterscheiden, sich auf das Wesentliche hinzuorientieren, dem Mitmenschen gerecht zu werden und im Einklang mit sich und der Welt zu leben. Für Salomo, so erzählen sie, sei diese Erfahrung so kostbar geworden, dass sie ihn zu einer Lebensentscheidung veranlasste: „So beschloss ich, die Weisheit als Lebensgefährtin heimzuführen; denn ich wusste, dass sie mir guten Rat gibt und Trost in Sorge und Leid" (Wsh 8,9). – Das Bild von der Heimführung als Lebensgefährtin hatte sich den Autoren nahegelegt, weil sie von ihrer jüdischen Glaubenstradition her gewohnt waren, die Weisheit bildlich als eine Person zu denken. So hatte schon das BUCH DER SPRICHWÖRTER, das mindestens dreihundert Jahre vorher verfasst worden war, von der „Frau Weisheit" gesprochen (Spr 14,1): Gott, heißt es darin, schickt sie aus in die Welt hinein, zu *allen* Menschen, damit sie ihnen „Schwester" und „Freundin" sei und sie vor der „Frau Torheit" bewahre, die nur „nach Verführung fiebert" und das Leben zerstört (Spr 9–11).

Auf Weisheit hören, das ist die *Grundspiritualität* aller Menschen, eine persönlich und gemeinschaftlich mögliche *Lebenspraxis*, eine bestimmte Art und Weise, mit der Vernunft und der Liebeskraft, die uns allen eigen sind, umzugehen – und dadurch mit uns selbst, mit den Herausforderungen des Alltags, mit der Welt um uns herum, mit den Gleichgesinnten und mit den Andersdenkenden. Die uns alle *verbindende* Spiritualität.

„An euch, ihr Könige, richten sich meine Worte, damit ihr Weisheit lernt" (Wsh 6,9), sagt „König Salomo" vor mehr als zweitausend Jahren.

Gewiss, auch Menschen können „Blindenführer" unserer Vernunft und unserer Liebesfähigkeit sein. Aber nur solche, die die *Weisheit* zur „Lebensgefährtin" haben. Und es gibt sie. Auch jetzt in der Zeit der Corona-Pandemie. Unter religiös und religionslos orientierten Menschen, unter Einheimischen und Immigranten ... und tatsächlich sogar unter den „Königen" der heute 195 Staaten der Erde, von denen derzeit 191 (Stand Ende Oktober) vom Coronavirus betroffen sind.

„Frau Torheit" wird wohl auch in Zukunft ihr Unwesen treiben, aber „Frau Weisheit" wird keiner Generation fehlen. Wer sie kennengelernt hat, wird sie suchen, und wer sie sucht, wird sie finden.

5

*Wir dürfen hinter
die Entdeckung Gottes
nicht mehr zurück*

Was steckt hinter der Weisheit? Was „spricht" da zu uns? Oder – *wer*? Ist es „das Leben"? Ist es „das Universum", dessen Teil wir sind? Ist es eine „Intuition", die aus dem Unbewussten aufsteigt, vielleicht auch das „kollektive Unbewusste"? Ist es einfach nur ein von Menschen erdachter Gedanke, ist es die Realität oder das Ereignis selbst, was da „spricht"?

Juden, Christen und Muslime sehen den letztursächlichen Ursprung jeder weisenden Wahrheit in Gott. Sie glauben, dass die Weisheit die „Sprache" Gottes ist. Gott ist der „Quell der Weisheit", so jedenfalls steht es in ihren heiligen Schriften, in der Bibel wie im Koran. Auf Weisheit hören heißt daher für sie: *Gott* zuhören. – Ich selbst glaube das auch, und deshalb rede nicht nur ich, wenn ich bete, sondern ich lasse auch Gott zu mir „reden". In der Stille, für die ich mir ausdrücklich Zeit nehme, lasse ich die Gedanken und die Ereignisse an mich heran, die mir vielleicht schon seit Tagen „nachgehen"; oder ich lese ein paar Sätze aus einem Buch, von dem ich den Eindruck habe, dass es mir in meine jetzige Lebenssituation hinein etwas zu sagen hat; ich versuche, auf die Gedanken und Gefühle zu horchen, die mir dabei kommen, und sie zu reflektieren ... Mein Beten wird dadurch wie ein Gespräch, und ich glaube daran, dass das kein Selbstgespräch ist.

Aber: Gibt es Gott überhaupt? Das ist die Frage vieler Menschen, in unserem Kulturkreis seit mehreren Generationen schon, soweit sie überhaupt noch gestellt wird. Selbst in den Seelen der Tiefgläubigsten nagt der Zweifel, ob Gott denn auch wirklich existiert – in diesen Wochen und Monaten der andauernden Pandemie mehr denn je.

Ich könnte aus der Philosophiegeschichte eine ganze Reihe gut durchdachter Argumente anführen, die *für* die Existenz Gottes sprechen. Aber sie sind nicht der Grund, warum Menschen daran glauben, dass Gott da ist, sie hört und zu ihnen „redet". Auch für mich nicht. Sie sagen meinem Verstand, dass ich nicht ganz falsch liegen kann mit meinem Glauben – wie sie anderen sagen könnten, dass sie sich nicht so sicher sein sollten, wenn sie glauben, Gott würde nicht existieren –, doch bewirkt haben sie meinen Glauben nicht.

Der Grund, warum ich vom Dasein Gottes überzeugt bin, ist ein anderer: Es gab im Laufe meines Lebens so etwas wie ein „Erwachen" zu Gott hin – und hinter dieses „Erwachen" kann ich nicht mehr zurück. Immer wieder einmal, von den frühen Jugendjahren an, war es, wie wenn plötzlich, für Momente nur, ein Licht anging und die Vernunft mehr „vernehmen" konnte als das, was Geist und Sinne erkennen und die Naturwissenschaften nachweisen können; ein „Erwachen" der Seele, die plötzlich „weiß", dass hinter allem, was uns als Wirklichkeit umgibt, eine noch größere Wirklichkeit da sein muss – eine Wirklichkeit ganz anderer Art, die zu mir sagt: Ich will dich, dich und euch und das gesamte Universum, zu dem ihr gehört ... Wenn das Licht auch wieder verblasste oder manchmal gar wie ausgeschaltet schien, ist doch im Inneren der Ein-Druck von dem geblieben, was ich da „gesehen" und gespürt habe.

Und so wie mir geht es vielen Menschen, religiösen und durchaus auch religionslosen, bis hin zu namhaften Naturwissenschaftlern der Gegenwart.

Wen einmal das Staunen gepackt hat, wie unglaublich es ist, dass das Universum überhaupt da ist und nicht nicht da ist, dem wird es nicht mehr unglaublich erscheinen, dass es eine Wirklichkeit gibt, der sich das Dasein des Universums verdankt. Er „weiß" dann, dass da *mehr* ist hinter allem, selbst wenn er keinen Begriff und keinen Namen dafür hat. – Entdeckt von Menschen aus dem jüdischen Volk vor gut zweieinhalbtausend Jahren, erlebt wie eine Offenbarung, wird diese Wirklichkeit *Gott* genannt. Und ich kann mir nicht vorstellen, dass dieser

Gott, dessen Schöpfung personales, sich seiner selbst bewusstes Leben hervorgebracht hat – die Gattung *homo sapiens* –, nur eine blinde Kraft ist, nur ein bewusstloses Etwas. Ich baue darauf, dass die Wirklichkeit, die wir Gott nennen, von sich „ich" sagt und zu mir „du" sagen kann – und dass sie mich liebevoll anschaut.

Selbstverständlich besteht die *Wirklichkeit Gott* nicht aus Atomen und Molekülen. Gott ist weder Welle noch Teilchen und er ist auch nicht die Energie, die den Kosmos bewegt und zusammenhält. Gott besteht aus nichts, woraus die Welt besteht. Das ist auch der Grund, warum er den Sinnen verborgen ist und seine Existenz mit naturwissenschaftlichen Mitteln weder bewiesen noch widerlegt werden kann. Und doch ist er so allgegenwärtig da, dass er mit seinem göttlichen Geist den menschlichen Geist berühren und uns sein Dasein spüren oder zumindest erahnen lassen kann. Er kann von Geist zu Geist durch weisende Wahrheit in unsere Vernunft hinein-„reden", von Geist zu Geist mit seiner Liebe unsere Liebesfähigkeit wecken und uns so zum Guten im Tun und Denken motivieren – ohne dabei gegen unseren eigenen Willen zu agieren und unsere Freiheit zu übergehen; Zwang ist Gottes Sache nicht, ebenso wenig wie ein Wirken gegen die Naturgesetze.

Jetzt während der Corona-Pandemie treten Gottesvorstellungen zutage, die eigentlich längst hätten überwunden sein müssen. Manche unter den Gläubigen und ihren Glaubenspredigern sagen, *Gott* habe das Coronavirus geschickt, und sie wissen auch gleich, warum: weil die Menschheit so „gottlos" geworden sei und er sie nun dafür bestrafen würde; sie meinen sogar, sie hätten dabei die Bibel oder den Koran auf ihrer Seite. Gelangen diese und ähnliche Äußerungen in die Öffentlichkeit, rufen sie zu Recht nur ein amüsiertes bis verärgertes Kopfschütteln hervor. – Für andere ist das Thema Gott nun endgültig erledigt; wie kann es einen Gott geben, sagen sie, wenn solche Katastrophen geschehen!

Auch viele Christen, vielleicht sogar die meisten, haben noch nicht gelernt, zwischen der Schöpfung und dem Schöpfer zu unterscheiden. Sie projizieren Geschehnisse wie die Virus-Pandemie, die in der Natur – und vielleicht auch in unserem Umgang mit der Natur – ihre Ursache haben, auf Gott und sehen sich in der Auffassung bestätigt, er sei der Urheber des Guten wie auch des Bösen. Das uralte dualistische, *ambivalent* verstandene Gottesbild, von dem uns Jesus befreit hat, ist plötzlich wieder da, weltweit und auch hierzulande, selbst im Denken so mancher gebildeter Theologen. Statt dass sie den Menschen die Augen dafür öffnen, dass Gott *auch in bösen Tagen* da ist als ein liebender und zum Lieben bewegender, als ein weiser und zur Weisheit führender Gott, machen sie sie, wenn auch ungewollt, zu Sklaven einer Angstreligion, heute mit dem Erfolg, dass immer mehr Christen sich von der Kirche abwenden und ihren Glauben ohne die Kirche leben – oder Gott aus ihrer Seele verdrängen.

Wir hätten jetzt die Chance, uns noch einmal neu darüber klarzuwerden, was und wen wir eigentlich meinen, wenn wir sagen: „Ich glaube an Gott", oder sagen: „Ich glaube nicht an Gott." Das könnte sogar, wenn von beiden Seiten gewünscht, ein Gespräch zwischen Gottgläubigen und Nicht-Gottgläubigen, zwischen religiösen und „normalen" Menschen werden – ein Gespräch, das die Vernunft und die Liebesfähigkeit der einen wie der anderen herausfordern und zu mehr Reife bringen würde. (Mein Büchlein GOTT. 95 THESEN, St. Benno Verlag 2016, war dazu gedacht, dafür Gesprächsanregungen zu geben.)

Und wir hätten jetzt sogar die Chance, endlich auch einmal gemeinsam und öffentlich über die höchste Sicht von Gott zu reden, zu der die menschliche Vernunft gefunden hat: über *Gott als (drei-eine) Gemeinschaft*. Das würde uns dazu herausfordern, auch über uns Menschen größer zu denken. Es würde uns der Einsicht ein Stück näherbringen, dass auch wir „Gemeinschaftswesen", *Menschen in Gemeinschaft* sind – trotz aller Verschiedenheit, mit allen religiösen und weltanschaulichen Unterschieden.

Gerade in der Gottesfrage könnten wir aneinander und miteinander reifen – diejenigen jedenfalls in der Gesellschaft und in der Menschheit weltweit, die dazu bereit sind.

Von „der Kirche", gleich welcher Konfession, ist dazu im Moment leider wenig Hilfe oder Anregung zu erwarten, noch weniger von gesellschaftlichen Institutionen wie dem staatlichen Bildungswesen. Aber was hindert uns, dass wir selbst Initiative ergreifen? – In der Familie und mit Freunden zum Beispiel, in Gemeinschaften, Gruppen und Kreisen ...

6

Gottes „Volk"
ist die Menschheit

Wir sind die jüngste Art der Gattung Mensch, beheimatet auf einem winzigen Planeten am Rande einer der zwei Billionen Galaxien im sich immer weiter ausdehnenden Universum; auf einem Planeten voller Leben. Wir sind „Sternenstaub" wie unsere Erde – und Teil der Natur, die auf der Erde entstand. Das ist schon seit gut einhundert Jahren so ziemlich jedem Menschen bewusst, aber jetzt, da die gesamte Menschheit von einer Naturkatastrophe geplagt und jeder Einzelne direkt oder indirekt davon betroffen ist, wird es auch erlebbar und spürbar – erstmalig für alle Erdenbewohner zugleich.

Und darin liegt eine Chance. Wir könnten jetzt lernen, dass wir zusammenhalten müssen, auch über die Zeit der Corona-Pandemie hinaus – und dass wir *zusammengehören*. Wir sprechen mehr als sechstausendfünfhundert verschiedene Sprachen und leben in mehr als fünftausend Völkern mit je eigenen Sitten und Bräuchen, und sind doch *ein einziges „Volk"*: Wir sind *Menschen* zuerst – *vor* allen ethnischen und kulturellen, religiösen und weltanschaulichen, geschlechtlichen und sozialen Unterschieden.

Nur in dem Maße, wie wir das begreifen und daraus eine *Lebenseinstellung* machen, werden wir die Zukunft, die wir haben – ganz gleich, für wie lange noch –, menschenwürdig gestalten können. Sonst werden Intoleranz und Rassismus, Religionskriege und Terrorismus, Ausgrenzung, Abwertung, Gewalt und die tagtägliche Rücksichtslosigkeit im Kleinen wie im Großen uns das Zusammenleben auf dem Staubkorn Erde immer schwerer machen; und es wird uns trotz allen medizinischen und technischen Fortschritts immer weniger gelingen, Naturkatastrophen, wie sie sich ja auch für die Zukunft schon ankündigen, zu verhindern oder zumindest so gut wie möglich zu überstehen.

Wir Menschen in den vielen Völkern sind ein einziges „Volk", die *eine Menschheit*. Zu dieser dringend notwendigen Einsicht könnten gerade auch die monotheistischen Religionen beitragen, vor allem die am meisten verbreitete Weltreligion, auch wenn sie prozentual schrumpft: das Christentum mit immerhin etwas mehr als zwei Milliarden getauften Mitgliedern, gut einem Viertel (nicht mehr einem Drittel) der heute auf fast acht Milliarden Menschen angewachsenen Erdbevölkerung.

„Wir sind *Gottes* Volk", sagten Juden vor zweieinhalbtausend Jahren. Sie meinten damit, dass sie sich alle an den Gott halten wollten, der Urgrund und Schöpfer der Welt ist. Dieser Gott allein – sie nannten ihn JHWH, „ICH BIN DA" – sollte der Gott ihres Volkes sein. Und selbstverständlich war ihnen dabei klar, dass „ihr" Gott der Gott *aller* Völker ist, unabhängig davon, ob diese ihn erkannt hatten. Sie erzählten in der Tora von Gottes „Bund" mit der gesamten Menschheit, vom – wie es nach der Sintflut-Erzählung heißt – „ewigen Bund ... zwischen Gott und allen lebenden Wesen, allen Wesen aus Fleisch auf der Erde" (Gen 9,16). Später jedoch, als eine Abgrenzung nach außen hin nötig geworden war, wurde aus dem Glaubensbekenntnis „Wir sind *Gottes* Volk" die letztlich religionspolitisch motivierte Haltung „*Wir* sind Gottes Volk" – nur wir, die anderen Völker nicht.

Dasselbe wiederholte sich im Christentum. Auch die frühe Kirche, zu der nun Juden wie Nicht-Juden, sogenannte „Heidenchristen", gehörten, verstand sich als „*Gottes* Volk", mit dem der biblische Gott den „alten Bund" als „neuen Bund" fortsetzt. Nachdem dann aber im vierten Jahrhundert dieses „neue Volk Gottes" zur Volksreligion und schließlich zur Staatsreligion im Römischen Reich geworden war, grenzte es sich zunehmend von denen ab, die (noch) nicht getauft waren. So entstand, leider auch in Abgrenzung zum Judentum selbst, ein exklusives Volk-Gottes-Verständnis, das im Laufe der Jahrhunderte mehr und mehr zum Selbstverständnis der Christen wurde: Nur wir, die als Getaufte zur Kirche gehören, sind „Volk Gottes", alle anderen nicht. Erst im Zweiten Vatikanischen Konzil (1962–1965) wurde dieses exklusive Verständnis in Konzilsdokumenten wie LUMEN GENTIUM, GAUDIUM ET SPES und NOSTRA AETATE aufgebrochen. Überwunden ist es allerdings nicht. Die Denkweise „hier wir Christen – dort die anderen" prägt noch immer das christliche Selbstverständnis, besonders in der römisch-katholischen Kirche. Heutige pastorale Programmworte wie „missionarische Gemeinde", „Neuevangelisierung" oder „missionarisch Kirche sein" sind mit dieser Denkweise zumindest kontaminiert.

In der Enzyklika LICHT DES GLAUBENS, noch von Benedikt XVI. erarbeitet und dann 2013 von Papst Franziskus veröffentlicht, ist die ursprüngliche Sicht noch einmal in Erinnerung gebracht worden: „In der Mitte des biblischen Glaubens steht die Liebe Gottes, seine konkrete Sorge um jeden Menschen, sein Heilsplan, der die ganze Menschheit und die ganze Schöpfung umfasst ..." (LUMEN FIDEI, 54). Auch die weiteren Enzykliken von Papst Franziskus atmen diesen Geist, bis hin zur jüngst, am 3. Oktober 2020, in Assisi unterzeichneten, in der er aufruft zu „einem ,Wir', welches das gemeinsame Haus bewohnt" (FRATELLI TUTTI, 17).

Bei Christen, die sich diesem Geist geöffnet haben, vollzieht sich ein *Perspektivenwechsel*: Sie lernen, nicht mehr aus der *kirchlichen* Perspektive, sondern aus der Perspektive *Gottes* – mit *seinen* Augen – auf die Mitmenschen zu schauen. Sie sagen nicht mehr: „Hier wir Christen – und dort die anderen: die Religionslosen, die der Kirche Fernstehenden, die Juden, die Muslime, die Buddhisten und die ...", sondern sagen: *„Wir, wir alle – und du, Gott".*

Aus der Perspektive Gottes ist das „Volk Gottes" nicht nur das Judentum und nicht nur die Kirche. Der Gott, dem das Universum und alles Leben auf der Erde das Dasein verdanken, geht seinen Weg mit *allen* Menschen. Gottes Volk sind die „Erdlinge"! Gott hat „Adam" und „Eva" dem Zeugnis der Bibel nach nicht als Beschnittene erschaffen und nicht als Getaufte. *Gottes Volk ist die Menschheit.*

Erst eine solche Sicht trägt dazu bei, das Bewusstsein für unsere Zusammengehörigkeit auf der einen Erde zu fördern.

Und sie gibt zugleich auch allen Menschen den Blick auf Gott frei. Religion, verstanden als Offensein für die Frage nach der Wirklichkeit hinter aller kosmischen Wirklichkeit, erscheint dann nicht mehr nur als die Domäne eines Teils der Menschheit oder gar nur einer bestimmten Religion, die sich allein als „Volk Gottes" versteht. *Gott darf dann ein „Thema" aller Menschen sein*, auch derer, die die Frage nach seiner Existenz mit Nein beantworten. Und dabei werden wir auch etwas voneinander lernen können, die Religiösen von den Religionslosen, die Religionslosen von den Religiösen und die eine Religion von der anderen: über das menschliche Herz; über Schuld und Vergebung; über Verantwortung und Hilfsbereitschaft; über den Umgang mit den uns allen gegebenen Fähigkeiten zu denken und zu lieben ... und über Gott und *seine* Wege mit seinen anderen Menschen.

Der Auftrag, „Salz der Erde" (Mt 5,13) zu sein, mit dem Jesus von Nazaret uns Christen aussandte, würde dadurch nicht geschmälert oder gar relativiert. Wir würden dann verstehen, dass wir nicht die Erde zu einer Tüte voller Salz, also alle Menschen zu Christen machen sollen, sondern dass auch wir ihnen – wie sie uns – für *ihren* Lebensweg etwas zu geben haben. Dann aber unter dem von Papst Franziskus kurz nach seiner Amtseinführung zitierten Leitwort des Franziskus von Assisi, der seine Brüder mit dem Auftrag losschickte: „Geht und verkündet das Evangelium – notfalls auch mit Worten!"

Ob ich daran glaube, dass es eine solche Kirche geben wird? – Ja. Zu *dieser* Kirche werden *in* der Kirche zwar vermutlich nur wenige gehören. Aber diese wenigen werden *Salzmenschen* sein. Und zusammen mit Gottes anderen Salzmenschen unter den Religionslosen und aus anderen Religionen werden sie, wie ausgestreutes Salz, ausreichend sein für die Erde, für Gottes Volk, die Menschheit; für *Gottes* Weg mit seinem *gesamten* Volk auf unserem Planeten.

Es gibt diese Kirche bereits. Seit Längerem schon entsteht sie, von vielen Kirchenleuten unbemerkt. Zu ihr gehören auch so manche, die „aus der Kirche ausgetreten" sind. Zu ihr gehörte auch die jüdische Christin und Karmelitin Edith Stein, die 1938 einer Freundin schrieb: „Es hat mir immer sehr ferngelegen zu denken, dass Gottes Barmherzigkeit sich an die Grenzen der sichtbaren Kirche binde" (ESGA 3, Brief 542).

7

*Jesus von Nazaret
ist „Kulturerbe" der
gesamten Menschheit*

Wie werden wir diesmal Weihnachten feiern? Und wie das Osterfest – werden wir noch einmal, wie zu Beginn der Pandemie, auf vieles verzichten müssen, was Ostern für uns ausmacht? Und dann das nächste Weihnachtsfest ...? Es ist Ende Oktober, während ich dieses Kapitel schreibe. Die Infektionszahlen sind drastisch gestiegen, auch in unserem Land. Gerade wurden erneut erhebliche Einschränkungen beschlossen. Die Weihnachtsmärkte sind vielerorts schon abgesagt, von nicht dringend notwendigen Reisen wird abgeraten, die Personenzahl bei öffentlichen und privaten Zusammenkünften wurde begrenzt ... Werden diese Einschränkungen auch den Heiligen Abend in den Familien betreffen, die Weihnachtskonzerte und weihnachtlichen Kulturveranstaltungen, die Weihnachtsgottesdienste in den Kirchen ...? Wie immer sich die Lage entwickeln wird, Weihnachten wird, solange das Virus nicht besiegt ist, ein anderes Weihnachten sein: Es wird uns etwas fehlen, und gerade an diesem Fest werden das viele Menschen merken, in großen Teilen der Erde, Christen wie Nichtchristen.

Doch auch darin liegt eine Chance. Wenn uns etwas fehlt, schmerzlich fehlt, kann uns bewusst werden, wie sehr es uns etwas bedeutet.

Für wen Weihnachten das „Fest der Familie" ist, der wird, wenn Besuche nur eingeschränkt möglich sind, umso mehr merken, wie viel ihm die Familie und die Verwandtschaft bedeuten. Wem viel an der Weihnachtsstimmung liegt, die nun getrübt sein wird, der wird umso mehr spüren, wie wichtig im Leben das Innerliche und Berührende, ja durchaus auch das Romantische ist. Wer sich auf das „Fest des Schenkens" gefreut hat, aber dann die leuchtenden Augen der Kinder, die er beschenkt, nicht sehen kann, weil der Austausch von Geschenken vielleicht nur per Post möglich sein wird, dem wird umso mehr bewusst werden, wie wichtig die kleinen „äußeren" Zeichen der Liebe für unser Miteinander sind ... Und wer die gewohnte festliche Gestaltung des Gottesdienstes am Heiligen Abend entbehren muss, der hätte die Chance, im eher stillen Weihnachtsgottesdienst – oder vor der Krippe zu Hause – umso bewusster und inniger an den zu denken, um den es an Weihnachten eigentlich geht.

Das Weihnachtsfest ist ein Geburtstagsfest. Wir Christen feiern seit dem vierten Jahrhundert jährlich am 25. Dezember, dass Jesus von Nazaret geboren wurde. Als im „christlichen Abendland" die Zahl der Kirchenmitglieder sank, blieb Weihnachten dennoch das Hauptfest des Jahres, auch wenn sich nun für viele die Bedeutung des

Festes veränderte. Ein Weihnachtsfest unter Corona-Bedingungen könte die Gelegenheit sein, sich den ursprünglichen Sinn einmal wieder in Erinnerung zu rufen und zu fragen: Wer ist dieser Jesus von Nazaret? Das könnte sich lohnen *für uns alle*, zumal Jesus von Nazaret – das darf man im Rückblick auf seine Wirkungsgeschichte wohl sagen – im wahrsten Sinne des Wortes *zur Welt* gekommen ist, nicht nur zum Judentum und nicht nur zur Kirche.

Das tatsächliche Datum seiner Geburt kennen wir nicht. Auch sein Geburtsjahr ist unbekannt und sogar sein Geburtsort. Um das Jahr 6 v. u. Z. muss er geboren worden sein – in Betlehem eher nicht, vermutlich in Nazaret, im Norden des heutigen Israel, in Galiläa; dort jedenfalls ist er aufgewachsen. Die Geschichten, die in der Bibel von seiner Kindheit erzählt werden und Quelle der meisten Weihnachtslieder und Weihnachtsdarstellungen sind, wurden nicht als historische Berichte geschrieben. Sie sprechen auf eher bild- und legendenhafte Art von dem „Licht", das mit der Geburt eines Kindes, das Jesus heißt, in das „Dunkel" der Welt gekommen ist: von einer großen, tiefen Liebe mitten in den Wirren und Lieblosigkeiten der damaligen Zeit – und deshalb berühren sie die Herzen der Menschen bis heute. Es sind „Vorworte" zu Bibeltexten, „Evangelien" genannt, die dann im Hauptteil überliefern, was Jesus gesagt, getan und wie er gelebt hat.

Seine Botschaft an die Welt lässt sich in wenigen Sätzen zusammenfassen: Ihr seid gewollt – ihr seid kein Zufallsprodukt der kosmischen Evolution! Der Urgrund von allem, dem ihr euer Dasein verdankt, ist ein Gott, der euch liebt und der auf euch baut. Seine Liebe ist nicht an Bedingungen geknüpft, sie ist unabhängig von menschlichen Vorleistungen, und er entzieht sie auch dem schuldig Gewordenen nicht; er ächtet alles Böse, aber er achtet auch den Bösen noch und will, dass er wieder auf den Weg der Menschlichkeit findet. Für Gott ist jeder Mensch so kostbar, dass er ihm über den Tod hinaus Leben für immer schenken will; wir leben nicht einem Ende, sondern einem großen Ziel entgegen. – Und zugleich heißt seine Botschaft, die der gesamten Menschheit und jedem Einzelnen gilt: Auch ihr seid zum Lieben begabt! Macht etwas daraus für euer Leben, für euer Miteinander, für die Erde!

Davon sprach Jesus nicht nur mit Worten, er lebte selbst vor, wie Gott ist – und wie der Mensch werden kann.

Weil ihm diese Botschaft so wichtig war – weil ihm sein Gott und jeder Mensch so wichtig waren –, nahm er in Kauf, dass man ihn *aus* der

Welt schaffte; im April des Jahres 30 wurde er in Jerusalem durch Kreuzigung hingerichtet. Seine Botschaft aber lebt weiter, und wir Christen bauen darauf, dass er selbst weiterlebt, nun in der Daseinsweise Gottes, im Urgrund der Welt, und dass er dadurch bei uns ist „alle Tage, bis zum Ende der Weltzeit" (Mt 28,20).

Christ sein heißt: Das persönliche Berührtsein von Gott, der Wirklichkeit hinter aller Wirklichkeit, von *seiner* Gottessicht, der Gottessicht dieses Jesus von Nazaret, und von *seinem* Menschenbild her verstehen – und *mit* ihm und seinem Gott das Leben gestalten wollen, mitten unter den anderen Menschen in der Gesellschaft, die, aus christlicher Sicht, *alle* Gottes Menschen sind.

Wir haben heute in so ziemlich allen Ländern der Erde sehr wirksame Wirtschaftskonzepte, Finanzkonzepte, Ausbildungskonzepte, politische Konzepte und in der Kirche auch pastorale Konzepte – und erleben nun, wie durch ein winzig kleines Virus alle diese Konzepte brüchig werden, weltweit. Aber unserer Welt fehlt ein *Lebenskonzept*: ein Leitprogramm, das uns die Richtung zeigt, wie wir *Mensch* sein können – selbst in weltweiten Katastrophenzeiten. In Jesus von Nazaret, in seiner Botschaft und in *seiner* Art, Mensch zu sein, hätten wir ein solches Lebenskonzept.

Von einem Weihnachtsfest mit Corona-Beschränkungen könnten wir lernen, dass Jesus von Nazaret nicht allein den Christen gehört. Es müssen nicht alle Menschen in Jesus von Nazaret den „Messias" sehen, den „Propheten", den „Sohn Gottes", ja die „zweite Person in der Dreieinigkeit Gottes", so sehr ich das jedem Menschen wünschte. Aber seine Botschaft, sein *Lebenskonzept* sollte Gehör finden. Bei möglichst vielen. Wenigstens „alle Jahre wieder", an Weihnachten, das doch heute für einen großen Teil der Menschen – weit mehr, als es Christen gibt – das „Fest der Liebe" ist.

Wir, die Christen selbst, hätten jetzt die Chance, endlich zu begreifen, dass wir von Jesus und seiner Botschaft *verständlich* reden müssen, damit auch andere Menschen, anders-religiöse wie nicht-religiöse, einen Zugang zu ihm haben können. Und das ist nicht nur eine Frage der Übersetzung von der „kirchenchinesischen" Binnensprache in die „normale" Sprache der Menschen. Noch mehr als um die Wortwahl geht es darum, seine Botschaft von abergläubischen Übermalungen und vom Staub oberflächlicher „Traditionen" zu befreien, damit er bei unseren Zeitgenossen überhaupt Interesse finden kann. Wir müssen unsere Vorstellungen über Jesus reinigen – letztlich auch ihm zuliebe, denn er ist nun einmal nicht nur zu uns, sondern „zur Welt" gekommen; er gehört zum *„Kulturerbe" der Menschheit*.

Alles utopisch? – Die Kirchen und Kapellen werden wohl auch an den Heiligen Abenden *nach* der Corona-Zeit nicht mehr voll sein, nicht mehr so voll wie noch vor der Pandemie. Aber die Menschen, die dann in einen Weihnachtsgottesdienst kommen werden – auch alle, die nur dieses eine Mal im Jahr überhaupt in einen Gottesdienst gehen –, werden *mehr* hören wollen als eine Predigt im Kirchenjargon über die Tagespolitik und die friedlose Welt. Und für viele andere wird, zumindest für eine gewisse Zeit, Weihnachten mehr als bisher das *Fest der Liebe* sein.

8

*Aufräumen
ist dran!*

Als im März von einem Tag auf den anderen das öffentliche Leben stillstand und bei uns im Kloster das Gästehaus geschlossen werden musste, in dem ich als Referent und Seelsorger tätig bin, hatte ich plötzlich viel Zeit. Spontan nutzte ich sie, um einmal wieder gründlich aufzuräumen. Ich sortierte aus und entsorgte, was schon lange nicht mehr gebraucht wurde und nur noch Platz wegnahm, brachte Akten und Dokumente auf den aktuellen Stand, ordnete die Dateien im Computer ... und hatte danach das gute Gefühl, irgendwie „leichter" geworden zu sein. Von anderen hörte ich bald, dass sie ihre unvorhergesehen freie Zeit erst einmal ähnlich verbracht und dabei dieselbe Erfahrung gemacht hatten. Die dann folgenden vier langen Monate, bis wieder Gäste zu uns kommen konnten, nutzten wir mit unserem Mitarbeiterteam für Reparatur- und Renovationsarbeiten. Im Nachhinein ist diese Zeit für mich zum Bild für die Corona-Situation überhaupt geworden: Aufräumen ist dran, sortieren und entsorgen – und renovieren; auch in der Gesellschaft, auch in der Kirche ...

Was die Gesellschaft betrifft, kann ich nicht mitreden, dazu fehlt mir in wichtigen Bereichen die nötige Kompetenz; was die Kirche betrifft, aber schon. Deshalb will ich mich hier darauf beschränken, konkret auf die katholische Kirche.

Das Wort „aufräumen", genauer: „Aufräumarbeit", ist mir in Bezug auf die Kirche und die
christliche Religion schon vor ein paar Jahren
begegnet. In einem Radiointerview sagte damals der Freiburger katholische Theologiepro-
fessor Magnus Striet (geb. 1964), vom Mode-
rator gefragt, was denn angesichts der Skepsis
vieler Menschen gegenüber der christlichen
Glaubensverkündigung zu tun sei: „Ich emp-
fehle theologische Aufräumarbeit." – Ich konnte
ihm nur zustimmen und dachte sofort an den
dringlichen Rat des Apostels Paulus, geschrieben um das Jahr 50: „Prüft alles und behaltet
das Gute!" (1 Thess 5,21).

Seit zweitausend Jahren ist die Christenheit
nun in der Weltgeschichte unterwegs. Freilich
haben sich in dieser langen Zeit auch Vorstellungen und Auffassungen angesammelt, die
nicht dem entsprechen, was Jesus von Nazaret
der Welt zu sagen hatte. Auf dem Weg in die Zukunft *behindern* sie heute nur noch die Weiter-
gabe seiner Botschaft. Da muss so manches neu
„eingeordnet", so manches „aussortiert und
entsorgt", vieles „renoviert" und vieles „auf den
aktuellen Stand gebracht" werden – nicht nur in
der Kirche allgemein, sondern auch und vor allem bei jedem Einzelnen, sei er nun Laienchrist,
Gemeindereferentin oder Bischof. Und das be-

trifft auch sehr zentrale Themen des christlichen Glaubens:

Das *Gottesverständnis* vor allem. Die Auffassung, die Existenz Gottes sei beweisbar, und ebenso die Auffassung, sie sei widerlegbar, gehören der Vergangenheit an. Denn beide Meinungen gehen noch von der Vorstellung aus, Gott sei ein – wie auch immer geartetes – Objekt im Universum. Diese Vorstellung muss entsorgt werden. An ihre Stelle muss die Einsicht treten, dass mit Gott eine Wirklichkeit gemeint ist, der sich das Universum (wie auch ein denkmögliches Multiversum) überhaupt erst verdankt. Die Existenz dieser Wirklichkeit kann mit der menschlichen Vernunft zumindest erahnt werden, und sie kann mit der menschlichen Vernunft zumindest nicht ausgeschlossen werden. Und zugleich muss heute klar sein, dass jeder Mensch das Recht hat, die Wirklichkeit Gott in sein persönliches Leben einzubeziehen oder nicht einzubeziehen; darin wurzelt das allgemeine Menschenrecht der Religionsfreiheit, das nicht nur die Freiheit meint, eine Religion auszuüben, sondern auch die Freiheit, ohne Religion zu leben. – Ebenso entsorgt werden muss das in allen christlichen Konfessionen noch immer verbreitete und noch immer gepredigte ambivalente Gottesbild, wonach Gott je nach menschlicher

Leistung belohnt oder bestraft. Dazu gehören nicht zuletzt auch die entsprechenden Vorstellungen von dem, was wir Gericht, Himmel, Hölle und Fegefeuer nennen, worin Magnus Striet zu Recht besonders viel Bedarf an „theologischer Aufräumarbeit" sieht.

Und es betrifft zum Beispiel das sogenannte *Amtsverständnis*. Es darf heute nicht mehr um die Frage gehen, ob auch Frauen die Diakonen- und Priesterweihe empfangen können; diese Frage sollte sich längst erübrigt haben. Sowohl der Kampf *dafür* wie das Beharren *dagegen* werden Jesus und seiner Botschaft nicht gerecht. Vielmehr ist endlich die Einsicht nötig, dass jeder Christ und jede Christin berufen ist, für andere ein diakonischer und priesterlicher Mensch zu sein, bis dahin, dass er oder sie die Gemeinde leitet und auch die Eucharistie mit ihr feiert. Dass der eine oder die andere von ihnen für diesen Dienst auch die sakramentale Weihe empfangen kann, ist davon unbeschadet. Auch wird es darunter immer Menschen geben, die bewusst ehelos leben wollen, nur darf das nicht zur Bedingung für die Weihe gemacht werden. Wie dringend notwendig diese „Renovation" ist, zeigt sich gerade jetzt in der Corona-Zeit – und es zeigt sich gerade jetzt, dass sie möglich wäre: Die Frauen und Männer, die dafür auch die Begabung haben, sind da – von ihnen lebt die Kirche angesichts der immer weniger werdenden geweihten Priester.

Es betrifft auch ganz konkret die *Abendmahlspraxis*. Es ist richtig und notwendig, dass sich Theologen und Kirchenleitungen über die konfessionellen Unterschiede im Abendmahlsverständnis Gedanken machen und darin eine Einigung suchen. Aber das kann nicht bedeuten, dass Christen unterschiedlicher Konfession nicht gemeinsam Eucharistie oder Abendmahlsgottesdienst feiern und dabei auch gemeinsam die Kommunion empfangen dürfen. Ich könnte schon lange Jesus nicht mehr in die Augen schauen, wenn ich auch nur einen Menschen vom Kommunionempfang ausschließen würde, nur weil er nicht römisch-katholisch oder nicht „gültig verheiratet" ist oder aus sonst welchen Gründen „nicht würdig" sei; und so wie mir geht es vielen Priestern, Kommunionhelferinnen und selbst Bischöfen – die „Renovation" ist längst im Gange, auch ohne behördliche Genehmigung.

Es gäbe viele solcher Bereiche zu nennen, in denen eine beherzte „theologische Aufräumarbeit" nötig wäre, ganz grundlegend das *Bibelverständnis* zum Beispiel, das *Sakramentenverständnis*, die *Gebetspraxis* – oder auch die Frage, worauf es in der Feier der *Liturgie* ankommt und worauf nicht.

Theologische Aufräumarbeit heißt, dass wir gute Theologen brauchen, an den Universitäten wie in der praktischen Pastoral, die uns bei dieser „Aufräumarbeit" kundig helfen. Aber ein Theologe oder eine Theologin ist nicht, wer viele theologische Bücher gelesen hat, möglichst alle kirchlichen Verlautbarungen und theologischen Meinungen aus möglichst allen Jahrhunderten kennt und daraus dann weitere theologische Texte zurechtzubasteln versteht. Theologe ist, wer sich dem „theos" – Gott selbst – zuwendet, mit ihm in einer persönlichen, wenn auch noch so armseligen inneren Beziehung lebt, alle seine „Logie" an Jesus und seiner Botschaft misst und ihm dabei *in die Augen schaut*. Und der dann bereit ist, Überaltertes zu benennen und auszusortieren, auch wenn er sich damit Ärger macht. Wer den Menschen eine Nahrung anbietet, die das Verfallsdatum überschritten oder sich gar als krank machend erwiesen hat, macht sich an ihnen schuldig – und an Gott sowieso.

Von den Kirchengemeinden mancherorts, katholischen wie protestantischen, habe ich den Eindruck, dass sie jetzt in der Corona-Pandemie vor allem bestrebt sind, ja an allem festzuhalten, was sie bisher gewohnt waren. Was trotz Abstandsregeln und Begrenzung der Teilnehmerzahl – worin manche sogar einen Angriff der Regierung auf die Religionsfreiheit sehen – nur irgendwie möglich ist, um einen Gottesdienst wie immer zu gestalten, das wird getan. Dabei wäre doch jetzt die Gelegenheit, in einem stillen Gottesdienst, ohne Gemeindegesang und ohne die gewohnte Zahl an liturgischen Akteuren, das zu tun, worum es – vor allem in der Eucharistiefeier – eigentlich geht: im Herzen an Jesus zu denken, mit ihm, der als der Auferstandene gegenwärtig ist, im Herzen zusammen zu sein; und daran zu denken, dass jetzt die anderen hinter ihrer Gesichtsmaske das Gleiche tun (wollen). So, nur so entsteht Kirche, die wirkliche Kirche. Das würde uns zugleich bewusstmachen, dass eine aufwendig gestaltete Liturgie dieses Eigentliche auch verstellen kann – und für den Weg in die Zukunft manches davon „aussortiert" statt konserviert werden sollte.

9

In den Demokratien
wird Liebe zur Weisheit
heranreifen müssen

„Die Demokratie ist die schlechteste aller Regierungsformen – abgesehen von all den anderen Formen, die von Zeit zu Zeit ausprobiert worden sind", soll Winston Churchill einmal scherzend gesagt haben. Dass er nicht ganz Unrecht hatte, zeigt sich in diesen Wochen und Monaten besonders deutlich. Gerade in demokratischen Staaten erweist es sich als schwierig, die notwendigen Corona-Schutzmaßnahmen durchzusetzen und zugleich der Vielfalt legitimer Bedürfnisse in der Bevölkerung gerecht zu werden. Nichtbeachtung der Regierungsbeschlüsse, Gewalt auf den Straßen, zunehmende Politikverdrossenheit, gesellschaftliche Spannungen und Polarisierungen, nicht zuletzt auch egomanische und populistische Verhaltensweisen einflussreicher Persönlichkeiten werden zur Herausforderung für die Demokratie. – Aber auch darin liegt meines Erachtens die Chance für eine Neubesinnung.

Gut die Hälfte der Erdbevölkerung lebt heute in einem demokratischen Staat. Doch überall zeigt sich, dass die Demokratie, nach einer anderen Überlieferung des Churchill-Zitats, lediglich die „beste aller schlechten Regierungsformen" ist. Denn Demokratie basiert darauf, dass möglichst alle im Volk (*demos*) gewillt sind, sich durch ihre

Stimme an der Regierung (*kratós*) zu *beteiligen*. Und sie basiert vor allem darauf, dass möglichst alle bemüht sind, ihre Stimme *an der Wahrheit* zu orientieren und neben dem Eigenwohl *das Wohl des gesamten Volkes* im Blick zu haben, auch wenn sie dabei unterschiedliche Auffassungen vertreten. Diese Voraussetzung aber ist faktisch nie gegeben; bestenfalls bildet der „demokratiefähige" Teil der Bevölkerung die Mehrheit im Staat. Die Demokratie ist und bleibt deshalb, mag man es wahrhaben wollen oder nicht, eine „schlechte Regierungsform".

Und dennoch ist und bleibt sie die *beste* aller Regierungsformen. Nach ihrer frühen Gestalt im alten Orient und dann im antiken Athen vor reichlich zweieinhalbtausend Jahren hat sie sich, lange Jahrhunderte unterbrochen durch Monarchien, seit dem 18. Jahrhundert in Europa und Nordamerika und schließlich in immer mehr Ländern der Erde als die Staatsform durchgesetzt, die am ehesten Gleichheit und Wohlergehen aller ermöglichen kann.

Aber schon der griechische Philosoph Platon im vierten Jahrhundert v. u. Z. hatte darüber nachgedacht, ob es nicht letztlich die *philosophia* sei, die *Liebe zur Weisheit* – zur Wahrheit und zum Ethos der Mitmenschlichkeit –, wodurch ein Volk regiert werden müsste. In seinem

Werk POLITEIA (DER STAAT) spielte Platon sogar mit dem Gedanken, ob nicht Philosophen das Volk regieren sollten. Aber in seinem Spätwerk NOMOI (DIE GESETZE) verwarf er ihn wieder, denn auch Philosophen, so war ihm klar geworden, sind nur Menschen; sie können nicht von letzter, umfassender Weisheit erfüllt sein und sind zudem, wie alle Menschen, dafür anfällig, wider besseres Wissen zu handeln. Geblieben ist von seinen Überlegungen immerhin die Einsicht, dass auch eine Demokratie nur gelingen kann, wenn wir uns – im Volk wie in den Parlamenten und Regierungen – in unserem Denken und Handeln von der Weisheit, von *weisender Wahrheit* leiten lassen.

Und genau darauf, meine ich, sollten wir uns heute wieder besinnen. Die sehr „gemischten" Erfahrungen mit unseren demokratischen Strukturen jetzt während der Corona-Zeit, hierzulande wie in sehr vielen Ländern der Erde – vom gegenwärtigen Zustand der Demokratie in den USA einmal ganz abgesehen –, bieten dafür die Gelegenheit.

Damit komme ich am Schluss meiner Gedanken zur Chance der Corona-Zeit auf die *Grundspiritualität* zurück, die wir heute und im Blick auf unsere Zukunft so dringend brauchen: *das Hören auf Weisheit.*

Auch die beste aller schlechten – weil nun einmal menschlichen – Formen unseres Zusammenlebens braucht Liebe zur *Wahrheit* und zur *Mitmenschlichkeit.* Um nur ein paar Beispiele zu nennen:

Das Grundrecht auf Freiheit, von dem eine Demokratie lebt, meint nicht allein die eigene Freiheit, sondern, nach einem schon geflügelten Wort von Rosa Luxemburg, „immer auch die Freiheit des Andersdenkenden".

Die Meinungs- und Pressefreiheit, ein Fundament jeder Form von Demokratie, ist nicht Freiheit von der Wahrheit, nicht Freiheit zum Verbreiten von Lügen und Halbwahrheiten und erst recht nicht zum Schüren von Hetze und Hass.

Ein demokratisch gewähltes Staatsoberhaupt erhält nicht Macht über die Wahrheit und über die Menschen, sondern die – rechenschaftspflichtige – Vollmacht, der Wahrheit und dem Gemeinwohl zu dienen.

Und das Recht auf Bildung, das jede Demokratie garantieren muss, bezieht sich nicht allein auf die Vermittlung von Wissen – schon gar nicht gibt es die Berechtigung zur Vermittlung ideologisch frisierten Wissens –, sondern soll vor allem die Heranbildung der eigenen Urteilsfähigkeit ermöglichen, damit jeder Einzelne selbst zwischen Wahrheit und Unwahrheit, Liebe und Vereinnahmung, Geist und Ungeist zu unterscheiden fähig wird.

Selbst die Hierarchie, die „heilige Herrschaft" – eine Regierungsform, die seit dem frühen Mittelalter die Kirche für sich in Anspruch nimmt –, meint ursprünglich nicht eine Herrschaft „heiliger" Personen über alle anderen, noch dazu in abwärts gestufter Rangordnung über alle weniger „heiligen", sondern eine „Herrschaft" *des Heiligen*, das letztlich in Gott, dem Heiligen, seinen Quellgrund hat: nämlich die „Herrschaft" der Wahrheit und der Liebe.

Es gibt heute Millionen von Menschen, die, aus welchen Gründen auch immer, für Religion keine „Antenne" (mehr) haben. Man hat sie, durchaus nicht abwertend, mit dem Soziologen Max Weber die „religiös Unmusikalischen" genannt. Das mag eine gewisse Berechtigung haben. Wenn es aber um das *Hören auf Weisheit* geht, dann gibt es die „Unmusikalischen" nicht – nur die Gehetzten und Gestressten, die das leise „Lied in allen Dingen" nicht hören können; die Lauten und die Dauerredner, die es übertönen; und die Selbstdarsteller, die nur ihre eigenen Lieder gelten lassen und zuallererst sich selber lieben. Doch die finden sich in allen Fraktionen, in allen Parteien, Konfessionen und Religionen.

Weisheit oder *Torheit*: In dieser Spannung stehen wir auch heute. Fast wäre ich geneigt zu sagen: Frau Weisheit hat ihre Freunde, rund um den Erdball, und Frau Torheit hat ihre Freunde. Doch wenn ich mich frage, auf welche Seite ich selbst gehöre, dann weiß ich: Durch *mich* geht die Scheidelinie hindurch, in mir selbst ist die Spannung zwischen der Kraft der Weisheit und dem Unheil der Torheit. Es gibt die Stunden, in denen die Weisheit mit mir am Haus des Lebens baut, und es gibt die Stunden, in denen ich – zugeknöpft, festgelegt, ängstlich, gestresst und gehörlos – in Torheit niederreiße, was Frau Weisheit um mich herum gestaltet hat.

Es braucht zumindest eine *Grundentscheidung*, den eigenen Lebensweg an der Seite von Frau Weisheit gehen zu wollen – in der Gesellschaft wie auch in der Kirche –, einen *festen „Entschluss"*, wie ihn die DDR-Schriftstellerin Eva Strittmatter, bis heute meine Lieblingsau-

das leise „Lied in allen Dingen" nicht hören können; die Lauten und die Dauerredner, die es übertönen; und die Selbstdarsteller, die nur ihre eigenen Lieder gelten lassen und zuallererst sich selber lieben. Doch die finden sich in allen Fraktionen, in allen Parteien, Konfessionen und Religionen.

Weisheit oder *Torheit*: In dieser Spannung stehen wir auch heute. Fast wäre ich geneigt zu sagen: Frau Weisheit hat ihre Freunde, rund um den Erdball, und Frau Torheit hat ihre Freunde. Doch wenn ich mich frage, auf welche Seite ich selbst gehöre, dann weiß ich: Durch *mich* geht die Scheidelinie hindurch, in mir selbst ist die Spannung zwischen der Kraft der Weisheit und dem Unheil der Torheit. Es gibt die Stunden, in denen die Weisheit mit mir am Haus des Lebens baut, und es gibt die Stunden, in denen ich – zugeknöpft, festgelegt, ängstlich, gestresst und gehörlos – in Torheit niederreiße, was Frau Weisheit um mich herum gestaltet hat.

Es braucht zumindest eine *Grundentscheidung*, den eigenen Lebensweg an der Seite von Frau Weisheit gehen zu wollen – in der Gesellschaft wie auch in der Kirche –, einen *festen „Entschluss"*, wie ihn die DDR-Schriftstellerin Eva Strittmatter, bis heute meine Lieblingsau-

torin aus der Zeit der damaligen „Demokratie",
in einem Gedichtband von 1980 (ZWIEGESPRÄCH)
formulierte:

ENTSCHLUSS

Freimut zu bekennen:
Ich bin ich.
Ich werde auf meinem Wege gehen
Und werde sagen, was ich da gesehen,
Und keiner überredet mich,
Das Schwarze auch nur grau zu nennen,
Geschweige denn weiß. Es ist an der Zeit,
Zum Wort, das uns anvertraut ist, zu stehen.
Es mag mir ruhig Schaden geschehen.
Geschieht nur dem Geist der Wahrheit kein Leid.